I0842972